Le téléphone

Illustré par Jean-Marie Poissenot
Réalisé par Gallimard Jeunesse
et Claude Delafosse

GALLIMARD MES PREMIÈRES DÉCOUVERTES DES TECHNIQUES

Le téléphone est un outil fantastique.
Il a ouvert l'époque de la communication
à travers le monde entier.

Dans le monde entier, il est possible de téléphoner d'une cabine dans la rue.

D’année en année, les appareils deviennent de jolis objets dans la maison, de plus en plus pratiques et performants.

Mais que s’est-il passé avant l’invention du téléphone?

Dans l'Antiquité, en Grèce, le messager
a couru sur quarante-deux kilomètres
pour annoncer au roi la victoire de Marathon.

Son message transmis,
il s'écroule, mort de fatigue !

Dans l'Antiquité,
la corne annonçait
à distance l'arrivée
de l'ennemi.

Le tam-tam rythme
la vie des peuples africains:
naissances, fêtes, décès,
couronnements des rois…

Le tambour
du garde champêtre
appelait la population
à entendre une annonce.

Les cloches de l'église
sonnent l'heure ou
les services religieux.

Selon la rapidité
des sons émis par le télégraphe,
un message était décodé.

La fréquence des clignotements de lumière du télégraphe optique donne le sens des messages.

Les mouvements des bras du sémaphore transmettent un message.

Le pigeon voyageur volait très longtemps pour donner un message.

Avec un peu d'imagination, chacun a trouvé le moyen de communiquer ou d'apporter un message !

Les Indiens envoyaient
des messages de fumée...

… pour annoncer de l'autre côté de la montagne
l'arrivée d'une caravane de pionniers.

Au Moyen Age,
un moine annonçait les décès
de couvent en couvent.

Au siècle dernier, c'est la malle-poste
qui transmettait la plus grande quantité
de correspondance.

Pour les distances moyennes,
le TGV est le plus rapide
pour faire parvenir le courrier…

Au Far West,
le Pony express était le cavalier
qui transportait le courrier.

Dès le début de l'aviation,
l'aéropostale se met en place.

... Mais le facteur continue
à mettre chaque jour le courrier
dans ta boîte aux lettres.

Une fois ton courrier timbré, tu peux l'envoyer dans le monde entier.

Essaie de trouver d'où vient la carte postale de chacun des enfants.

Enfin, sans se déplacer,
la voix de chacun
traverse les murs, les régions
et même les frontières !

Les premiers postes
sont encombrants et fixes.

Le téléphone
est inventé en 1876.

TELEPHONE
TELEPHONE

Aujourd'hui, tu peux avoir
un téléphone dans ta poche
et appeler partout.

Grâce au fax,
lorsqu'il est 9 heures
à Paris, tu peux
envoyer un texte ou
un dessin sur papier
par la ligne
téléphonique.

A Paris, le papier ressort de la machine, et le fax arrive instantanément à New York où, avec le décalage horaire, il est 3 heures !

Le satellite transmet les communications
téléphoniques au-delà des océans,
ou des informations grâce…

… à la télévision…

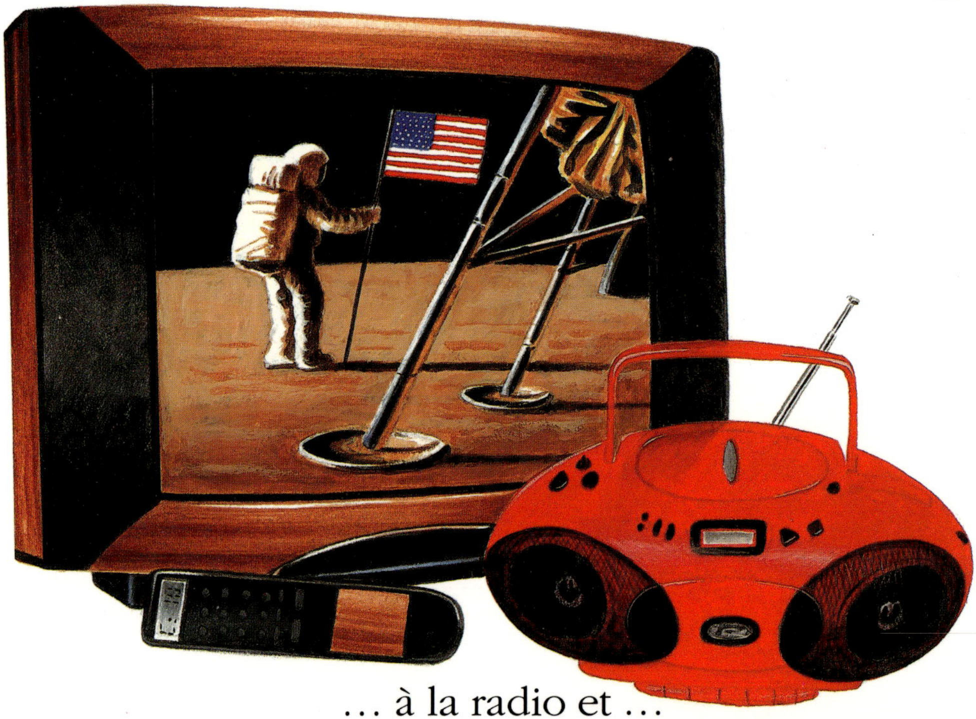

… à la radio et …

… aux nouveaux
systèmes
informatiques.

Le talkie-walkie peut remplacer le téléphone
sur de plus courtes distances…

Construis ton propre téléphone…
avec deux pots de yaourt
et une longue ficelle
qui doit être bien tendue !

Le maître nageur

Le policier

L'ouvrier du chantier

Ils utilisent aussi le talkie-walkie pendant leur travail.

… C'est comme cela que le garçon
est prévenu que le goûter
l'attend dans la cabane !

Comme les télégraphistes du temps passé,
grâce à l'alphabet Morse, apprends à communiquer
avec une simple lampe de poche.

A •_	J •___	S •••	1 •____
B _•••	K _•_	T _	2 ••___
C _•_•	L •_••	U ••_	3 •••__
D _••	M __	V •••_	4 ••••_
E •	N _•	W •__	5 •••••
F ••_•	O ___	X _••_	6 _••••
G __•	P •__•	Y _•__	7 __•••
H ••••	Q __•_	Z __••	8 ___••
I ••	R •_•	É ••_••	9 ____•
			0 _____

• tu allumes brièvement
_ tu allumes plus longtemps

Mes premières découvertes

1 La coccinelle
2 Le temps
3 La pomme
4 La carotte
5 L'œuf
6 L'arbre
7 Le chat
8 La couleur
9 La main et le pied
10 Sous la terre
11 La terre et le ciel
12 L'automobile
13 Le chien
14 Les petits malheurs
15 L'oiseau
16 Le bord de mer
17 Le château fort
18 L'eau
19 La fleur
20 L'ours
21 L'odorat
22 L'avion
23 La tortue
24 L'éléphant
25 La souris
26 La baleine
27 Le cheval
28 La maison
29 Le toucher
30 Le dinosaure
31 Le bateau
32 Le bébé
33 La ferme
34 L'heure
35 L'ouïe
36 La rivière
37 L'image
38 La jungle
39 Plus ou Moins
40 Le singe
41 L'abeille
42 La musique
43 La lumière
44 Le cirque
45 L'aigle
46 Le vêtement
47 Le castor
48 La ville
49 La vue
50 La boîte à outils
51 Le palmier
52 Compter
53 Le sport
54 Le goût
55 La pyramide
56 La chouette
57 Les portraits
58 Les paysages
59 Le bestiaire
60 Les tableaux
61 Les dessins fous
62 Les voitures
63 Les monstres
64 Les animaux
65 Les poissons
66 Les têtes
67 Atlas des pays
68 Atlas de la nature
69 Atlas des animaux
70 Atlas des peuples
71 La nature
72 Les maisons
73 La symétrie
74 Les grimaces
75 La mode
76 Cochons & cie.
77 La grenouille
78 Le poisson
79 Le loup
80 Les formes
81 Les Indiens
82 Le corps
83 Le train
84 Le pingouin
85 Le Louvre
86 La cathédrale
87 Le chantier
88 Le téléphone
89 Le papillon

Responsable éditoriale : Anne de Bouchony

ISBN : 2-07-059064-X

Dépôt légal : Mai 1995
Numéro d'édition : 72305

Imprimé en Italie par Editoriale Libraria
Loi n° 49-956 du 16 juillet 1949
sur les publications destinées à la jeunesse